I0397656

99 Affirmations

Ultra-Puissantes pour

Le Succès Sur Internet

Libérez-Vous du Salariat,

Faites Fortune Grâce Au Web

Frank Costa

Copyright © 2018, Frank Costa. Tous droits réservés.

Table des matières

Introduction à la série 7

    La Méthode................................17

    Note sur les affirmations................19

Affirmations 21

En guise de conclusion................35

Merci !................................37

...

Un revenu passif abondant et constant coule dans ma vie grâce à Internet

Je suis maître de ma vie parce que je peux travailler d'où je veux

J'augmente mes revenus en ligne tous les jours

...

9

Introduction à la série

« Les seules limites sont celles que l'on s'impose »

Tout d'abord, je veux vous remercier et vous féliciter pour avoir téléchargé ce livre. Par cet acte en apparence si simple, vous démontrez à l'Univers que vous êtes prêt à agir pour devenir l'acteur et l'artisan de votre réalité, que vous avez décidé de faire ce qu'il fallait pour être plus heureux et plus épanoui.

Mais comment faire pour transformer ce premier pas en outil de changement puissant ? En utilisant un outil tout simple, gratuit, toujours disponible, qui ne demande que quelques instants chaque jour et qui ne nécessite aucun apprentissage : les affirmations.

Grâce à celles-ci, à la puissance du Verbe (qu'il soit prononcé verbalement ou intérieurement) vous reprendrez le contrôle de votre vie, un contrôle total si vous le souhaitez. Et pour cela, nul besoin d'attendre ou de suivre une formation : vous pouvez commencez aujourd'hui, et même maintenant !

On pourrait définir une affirmation comme une déclaration positive d'un fait ou d'un état comme s'il était déjà manifesté, formulée énergiquement et avec confiance. En réalité, vous le faites déjà tout ou long de la journée, souvent inconsciemment. Tout ce que vous pensez, tout ce que vous dites est une affirmation, une déclaration positive ou négative. Dès lors, il faut choisir avec soin ce sur quoi vous voulez vous focaliser, car cela tendra à se manifester ou se maintenir en l'état.

Les affirmations fonctionnent pour absolument tout, que ce soit pour améliorer vos conditions de vie, votre santé, trouver le travail de vos rêves, attirer la richesse... ou pour améliorer votre vie intérieure, progresser, rencontrer l'amour, vivre dans la joie, être respecté, vous défaire d'une habitude néfaste...

Quand vous constaterez les premiers résultats, qui arrivent parfois très vite, vous progresserez encore plus rapidement, car vous *saurez* que cela fonctionne. Débarrassé du doute et de la peur, vous reprendrez confiance en votre pouvoir créateur naturel et cela accélérera la manifestation de vos affirmations.

Les affirmations sont connues depuis les temps les plus reculés et sont utilisées avec succès par tout ce que le monde compte de champions, de grands sportifs, d'hommes d'affaires ayant réussi, de stars du cinéma ou de la chanson, de scientifiques brillants...

Comme eux, vous aussi pouvez apprendre à débloquer votre pouvoir et votre potentiel pour atteindre tous vos objectifs et relever tous les défis de la vie, qui sont là pour vous faire grandir en vous poussant à vous dépasser.

Pour utiliser efficacement les affirmations, vous n'avez qu'une chose à faire : vous en servir au quotidien, le plus souvent possible, avec foi et confiance. Si ces deux derniers éléments sont absents au départ, ou vous quittent par moment, ne vous inquiétez pas et continuez à travailler sur votre réalité à l'aide de vos affirmations. Au bout de quelques temps, des signes commenceront à apparaître qui vous indiqueront que vous êtes sur la voie de la transformation, et cela vous redonnera confiance.

Bien sûr, si vous affirmez une phrase telle que « *L'argent vient à moi facilement chaque jour* » et que votre réalité actuelle ne vous permet même pas de payer vos factures, vous allez en être conscient. Le but des affirmations n'est pas de vous mentir à vous-même ou de vous masquer la réalité des choses.

Le but est tout simplement de transformer la réalité actuelle en utilisant le pouvoir du Verbe. Donc, au bout d'un certain temps, les affirmations commencent à transformer votre paysage intérieur. **Tout commence toujours à l'intérieur, pour se**

manifester à l'extérieur. On peut également dire, en renversant cette proposition que **tout ce que vous voyez se manifester dans votre vie est le reflet de votre paysage intérieur.** C'est la même chose. Le monde est un miroir.

Par conséquent, en affirmant la richesse là où se trouve la pauvreté, la santé là où se manifeste la maladie, la joie là où il y a la tristesse, vous décidez d'effacer une illusion pour la remplacer par une qualité d'essence divine. En persévérant dans cette voie, en maintenant une nouvelle vision, l'Univers n'a pas d'autre choix que de modeler votre réalité sur votre paysage intérieur, car les deux sont indissociables.

Quand votre réalité commence à changer, vous devez continuer à faire votre part et à travailler avec l'Univers. Bien qu'il soit possible que des choses semblent se manifester « comme par magie » dans votre vie et que ce qu'on nomme « la chance » vous accorde ses faveurs, vous aurez en général à concrétiser des opportunités et à saisir les occasions quand celles-ci se présenteront.

Comme vous dégagerez des vibrations positives, vous commencerez à attirer sur votre chemin les personnes et les situations qui vous permettront d'avancer en direction de votre but. Et comme vous saurez pourquoi ces personnes et ces situations se manifestent, que vous saurez que c'est la réponse de l'Univers à votre requête, vous aurez la confiance et la motivation nécessaires pour agir. Vous n'hésiterez pas, que ce soit pour accepter un nouveau poste, prendre des responsabilités ou procéder à des changements radicaux dans votre vie. Vous vous sentirez maître de votre destin et vous libérerez de la peur paralysante et des doutes sclérosants.

Les affirmations contenues dans ce livre sont suffisamment nombreuses et variées pour que vous trouviez celles qui vous correspondent. Elles sont là pour être utilisées, alors servez-vous en !

Explorez-les sans limites. Si certaines d'entre elles entrent en résonance avec vous au départ mais qu'au fil du temps elles vous touchent moins, sentez-vous libre d'en changer. Vous pouvez même écrire les vôtres ! L'important est qu'en les utilisant, vous sentiez qu'elles vous transforment d'une manière positive et qu'elle vous donnent une énergie nouvelle. En travaillant de cette façon, des miracles se produiront dans votre vie.

Comme pour leur choix, ne vous limitez pas quant à leur utilisation. Vous pouvez utiliser les affirmations tout le temps et partout, en toutes circonstances. Elles peuvent aussi bien vous être d'un grand réconfort dans les épreuves et les situations compliquées que quand tout va bien. Ne cessez jamais de les utiliser.

Si vous êtes dans une phase négative, elles ont le pouvoir de transformer rapidement la situation de la meilleure manière possible. Si vous êtes dans un cycle positif, elles contribueront à le maintenir et l'embellir encore.

Au-delà de la résolution de problèmes et de l'atteinte d'objectifs, travailler quotidiennement avec les affirmations vous reconnecte avec l'énergie divine, ou l'énergie universelle si vous préférez ce terme. Peu importe que vous ayez une croyance ou non. Faites exactement ce qu'il faut faire, suivez la méthode que je vais détailler pour vous dans un instant, et vous obtiendrez des résultats qui dépasseront toutes vos espérances.

Vous êtes ici pour être heureux, sains, ne manquant de rien et vous réalisant à travers l'activité qui vous correspond et qui sera utile pour le plus grand nombre. Vous êtes unique et vous avez quelque chose d'unique à offrir au monde. En utilisant les affirmations, vous serez naturellement amené à vous accomplir.

L'utilisation des affirmations est comme un raccourci, une voie express vers la manifestation de ce que vous voulez dans votre vie. Si vous ressassez toujours vos problèmes, que vous vous plaignez de ce qui vous fait souffrir, vous affirmez une réalité et empêchez tout changement de fond.

Peu importe que vous ayez raison ou tort, ou que votre problème soit « réel » et vous paraisse insurmontable. Si vous voulez vraiment vous en débarrasser et renaître à une vie nouvelle, vous n'avez pas de temps à perdre à ruminer des idées et des sentiments négatifs, que ce soit envers vous ou envers d'autres personnes, la société, Dieu, la météo ou que sais-je encore.

Au lieu de cela, dites adieu à votre ancien monde et accueillez **dès aujourd'hui et sans réserve** celui que *vous* aurez choisi. Cela est si simple que vous vous demanderez très bientôt comment vous avez pu abdiquer votre pouvoir créateur pour nourrir les faux maîtres que sont vos propres pensées et sentiments négatifs, pures illusions sur lesquelles vous avez toujours eu prise.

16

La Méthode

Vous savez maintenant ce que sont les affirmations et ce qu'elles peuvent faire pour vous. Il est temps à présent de vous en servir.

Voici la méthode simple en trois étapes pour obtenir des résultats rapides :

1. **Choisissez** entre trois et sept affirmations parmi celles qui suivent + créez la vôtre.
2. **Répétez** ces affirmations tranquillement le matin au réveil et le soir avant de vous coucher + le plus souvent possible au cours de la journée.
3. **Écrivez**-les sur un cahier dédié chaque jour, au minimum une fois, dans l'idéal entre 10 et 25 fois chacune.

Combien de temps devez-vous pratiquer cela ? Jusqu'à ce que vous ayez atteint les résultats attendus. Cela peut-être très rapide ou un peu plus long. Il s'agit d'implanter une nouvelle vision des choses, de nouvelles croyances et de nouveaux sentiments dans votre subconscient. Dès l'instant où cela est fait, les changements suivent automatiquement.

Un minimum de 21 jours est recommandé dans tous les cas. Une « cure » d'affirmations sur un sujet donné de 90 jours transformera votre vie dans le sens que vous souhaitez et même au-delà.

Une fois votre but atteint dans un domaine, vous pouvez vous consacrer à un autre domaine et ainsi de suite. Vous êtes redevenus maître de votre vie. Repoussez les limites. Amusez-vous à créer votre réalité avec des objectifs de plus en plus grand.

Et rappelez-vous que les seules limites que nous rencontrons sont celles que nous nous imposons.

Note sur les affirmations

Bien que la plupart des affirmations qui suivent soient formulées au présent et de manière positive, certaines échappent à cette règle. En effet, comme toute règle, celle-ci n'est pas absolue et chez certaines personnes, le fait de désigner un mal ou d'indiquer ce que l'on souhaite pour le futur peut générer un puissant sentiment de bien-être et de sécurité, sentiments contribuant à accélérer la manifestation. Si tel est votre cas, n'hésitez pas à inclure une ou deux affirmations de ce type dans votre sélection.

D'autre part, certaines affirmations sont très proches l'une de l'autre et peuvent *sembler* quelque peu répétitives. Toutefois, tout comme en musique, les nuances sont importantes et chaque terme a une vibration qui lui est propre, chaque tournure de phrases fera résonner différemment en vous les mots qu'elle contient.

Essayez de trouver les affirmations qui suscitent chez vous le plus d'émotions positives. Ce sont celles avec lesquelles vous obtiendrez les meilleurs résultats, dans les délais les plus courts.

Affirmations

Je ne mets aucune limite à ce que je peux gagner en ligne

Je gagne de l'argent en abondance en travaillant en ligne

J'apporte de nouvelles solutions sur le marché en ligne

Je vends fièrement et en toute confiance mes idées en ligne

Je vais être cohérent et persistant dans tout ce que je fais en ligne

Aujourd'hui, je vais trouver un nouveau moyen de générer de l'argent en ligne

Je deviens un homme d'affaires en ligne rempli de succès

Grâce à mes entreprises en ligne, je deviens plus prospère que dans tout autre travail

Chaque jour, j'ai une meilleure compréhension des affaires en ligne

Je prends toujours des décisions prudentes s'agissant de mes revenus en ligne

Je trouve de nouvelles façons d'investir et de générer de l'argent en ligne tous les jours

Je travaille avec enthousiasme pour atteindre mes objectifs d'affaires en ligne

J'ai découvert le potentiel de gain illimité d'Internet et je sais comment en tirer parti

Je découvre de nouvelles opportunités à chaque fois que je vais sur Internet

Je suis follement riche grâce au monde des affaires en ligne

Je suis complètement libéré du monde du travail traditionnel et de ses horaires imposés

Je suis tout à fait à l'aise avec l'idée de gagner de l'argent en ligne

Ma richesse en ligne augmente de plus en plus, tout le temps

Je réussis tout naturellement sur Internet

Je suis inondé par toute la richesse que je gagne en ligne

Je suis toujours en ligne au bon endroit et au bon moment

Je suis toujours ouvert à de nouvelles opportunités pour générer de l'argent en ligne

Je suis déterminé à devenir riche grâce à Internet

Je gagne de l'argent en ligne de sources attendues et inattendues

Je sais qu'il y a beaucoup d'argent à gagner en ligne et je vais le faire

Je démontre aux autres qu'il est possible de faire fortune en ligne

Je ne vois aucune limite à mon potentiel de gain en ligne

J'ai toujours plein d'idées pour gagner de l'argent en ligne

J'aime regarder grandir mon empire en ligne

Je revendique mon droit à ma part d'abondance sur Internet

J'investis généreusement en ligne et cela me revient généreusement

J'affûte chaque jour mes compétences pour réussir en ligne

Je sais comment repérer un bon investissement en ligne

Chaque fois que j'ouvre ma boîte aux lettres, il y a un chèque pour moi

Je suis capable de voir facilement ce qui est une arnaque et ce qui va me rapporter de l'argent

Un revenu passif abondant et constant coule dans ma vie grâce à Internet

Je suis un magnat des affaires sur Internet

Je fais des affaires en ligne et j'investi avec confiance

Je suis un exemple de richesse et de réussite en ligne

J'attire le succès et la prospérité chaque fois que je me connecte

Je vais utiliser mes revenus en ligne pour générer encore plus d'argent

J'obtiens plus de succès en ligne chaque jour

J'ai un don naturel pour gagner de l'argent en ligne

Je puise directement dans l'offre illimitée qui existe sur Internet pour générer des revenus

Je suis entouré par de grandes opportunités d'investissement en ligne

Je reconnais les possibilités de gagner de l'argent en ligne et je les saisis

Je monte vers le sommet du monde des affaires sur Internet

Je mérite tout ce que j'ai gagné en ligne

Je regarde mes revenus en ligne se multiplier sans fin

Je réussis avec facilité sur Internet

Je deviens chaque jour meilleur pour gagner de l'argent en ligne

Je suis sérieux au sujet de ma fortune en ligne

J'avance dans mes projets d'affaires en ligne en toute confiance et avec enthousiasme

Je reçois de l'argent juste et mérité grâce à Internet

Je fais dès à présent mes premiers pas vers l'indépendance financière en ligne

J'attire seulement des idées d'affaires en ligne honnêtes et lucratives

Je suis fier de mes réalisations en ligne

Je trouve de nouvelles et grandes opportunités en ligne tous les jours

Je suis inspiré et habilité à gagner de l'argent en ligne

Je trouve tout ce dont j'ai besoin sur Internet

Je suis heureux et comblé par mes entreprises en ligne

Le succès et la fortune coulent vers moi à partir d'Internet

J'augmente mes revenus en ligne tous les jours

J'ai l'intention de faire fortune en ligne

J'ai foi en ma capacité à réussir grâce au monde des affaires en ligne

De l'argent inattendu me parvient régulièrement à partir d'Internet

Je suis maître de ma vie parce que je peux travailler d'où je veux

J'utilise Internet pour créer des sources de revenus passives et actives

Je suis déterminé à atteindre mes objectifs d'affaires en ligne

J'ai un lien direct avec l'argent qui peut être gagné en ligne

J'utilise Internet à son plein potentiel de gain

J'aime la liberté que me procure le travail en ligne

J'aime mon travail en ligne car il m'offre le monde à portée de main

Je gagne toujours assez d'argent en ligne pour répondre à tous mes besoins

Je gagne plus qu'assez d'argent en ligne pour vivre confortablement

Je me concentre sur les nouvelles façons de gagner de l'argent en ligne et les trouve

Je suis un aimant pour les grandes entreprises commerciales en ligne

Je suis un aimant pour le succès en ligne

Je suis un homme d'affaires en ligne de classe mondiale

Je tire le meilleur parti de chaque minute que je passe en ligne

J'ai une vie bien remplie grâce à la fortune que je gagne en ligne

J'aime et j'apprécie de gagner de l'argent en ligne

Je compte parmi les hommes d'affaires sur Internet

J'ai créé l'entreprise parfaite pour moi

Je célèbre la construction de ma fortune en ligne tous les jours

J'ai des plans et des idées pour gagner de l'argent en ligne qui me conduiront directement au succès

Je suis reconnaissant pour la richesse que je gagne en ligne

Je gagne plus d'argent en ligne que je n'en ai jamais gagné

J'ai une présence commerciale forte et puissante en ligne

Je suis certain de rencontrer le succès en ligne

Je suis confiant dans ma capacité à générer des revenus en ligne

J'ai un sens des affaires sur Internet qui m'attire le succès comme un aimant

Je suis un homme d'affaires en ligne intelligent et averti

J'ai le pouvoir de gagner des quantités incroyables d'argent en ligne

Je trouve naturellement les moyens de prospérer sur Internet

Je vais gagner et conserver ma fortune en ligne

Je ne suis pas dupe des escroqueries sur Internet

Je suis constamment réceptif à de nouvelles façons de générer des revenus en ligne

Un flux constant d'argent coule vers moi à partir d'Internet

+

Inspirez-vous de ce qui précède, et rédigez ici *votre affirmation.*

En guise de conclusion

Les affirmations ci-dessus sont très puissantes mais n'oubliez pas que si vous ne vous en servez pas... il ne se passera rien.

Pour obtenir des résultats, il vous faut pratiquer sur une base quotidienne. La répétition est un facteur-clé. Il vous faut transformer vos vieux schémas de pensées pour les remplacer par de nouveaux que *vous* aurez choisi.

Suivez simplement le plan en trois étapes simples que je vous ai présenté en introduction et regardez ce qui se passe.

Vous êtes au bord d'un changement de vie radical, qui vous conduira vers la richesse, le bonheur, la santé, l'épanouissement personnel dans tous les domaines de votre vie et la réalisation de vos rêves les plus chers.

Ne laissez pas votre mental vous bloquer et *pratiquez* sans cesse, au besoin *malgré* le doute et le découragement car

« *L'heure la plus sombre précède toujours l'aube* »

Alors des miracles se produiront dans votre vie.

C'est tout le bonheur que je vous souhaite.

Frank

Merci !

Avant de nous quitter, je veux vous remercier et vous féliciter une nouvelle fois pour avoir pris le temps de lire ce livre.

Si vous avez aimé ce que vous y avez découvert ou si vous voulez témoigner des changements positifs survenus en pratiquant la méthode simple exposée ici, pourriez-vous prendre quelques instants pour laisser une évaluation sur le site d'Amazon ?

Chaque commentaire est précieux et permet aux auteurs de toujours s'améliorer, et aux lecteurs de se repérer dans la multitude de livres existant.

Merci à vous !

www.ingramcontent.com/pod-product-compliance
Lightning Source LLC
Chambersburg PA
CBHW072308170526
45158CB00003BA/1235